# Soll die plattdeutsche Sprache gepflegt oder ausgerottet werden?

## Gegen Ersteres und für Letzteres



Ludolf Wienbarg

Alpha Editions

This edition published in 2022

ISBN : 9789356894402

Design and Setting By
**Alpha Editions**
www.alphaedis.com
Email - info@alphaedis.com

# Vorwort.

Wenn die Patrioten bisher über die Kluft der Stände, die Rohheit und Unempfänglichkeit Volkes in Niedersachsen mit Recht bittere Klage führten, oder im Großen Verbesserungspläne entwarfen, so stand ihnen die niedersächsische oder plattdeutsche Volkssprache nur sehr im Hintergrunde und kam weder im Guten, noch im Bösen so recht in Betracht. Ich glaube nachzuweisen, ja mit Händen greiflich zu machen, daß sie die Wurzel alles Uebels, der Hemmschuh alles Bessern ist.

Gehe hin, meine kleine Schrift, und spreche! Drei Dinge wünsche ich dir, Flügel, Feinde und Freunde. Die Flügel wünsche ich dir, damit du dich nach allen Seiten verbreitest, die Feinde und Freunde, damit du nach alten Seiten besprochen wirst. —

* * * * *

# Soll die plattdeutsche Sprache gepflegt oder ausgerottet werden?; Gegen Ersteres und für Letzteres

Bekanntlich sprechen die Bewohner Niedersachsens plattdeutsch und hochdeutsch; ersteres als Volkssprache, letzteres als Sprache der Bildung. Das Hochdeutsche redet man dialektlos, das heißt Aussprache und Schreibung stimmen buchstäblich überein[1]. Anders in Mittel- und Süd-Deutschland. Göthe sprach das Hochdeutsche wie ein geborner Frankfurter, Schiller wie ein Wirtemberger und noch gegenwärtig hört man's der Sprache der Gebildeten Süd-Deutschlands ab, in welcher Provinz sie zu Hause gehören. Daher kann man wol behaupten, daß mancher niedersächsische Handwerker *reiner* hochdeutsch spricht, als der Würzburger Professor, der Badische Deputirte oder der Bewohner der Provinz Meissen selbst, dessen Aussprache doch zu seiner Zeit von Gottsched mit dem Privilegium der Klassizität begabt worden ist. Allein man darf nicht vergessen, daß diese Reinheit eine abstrakte und keine lebendige ist, da der Norden fein hochdeutsch im eigentlichen Sinn des Worts aus Büchern, zumal aus der lutherischen Bibelübersetzung gelernt, nicht aber wie Mittel- und Süd-Deutschland durch lebendig uralte Tradition von Mund zu Mund empfangen hat.

Ist doch die hochdeutsche Sprache selbst keine Sprache provinzieller Beschränktheit, keine bloße Mundart Alt-Meissens, sondern im höheren Sinn ein Kunstwerk des großen Reformators, der aus den beiden Hauptdialekten des Nordens und Südens, schon ohnehin im Sächsischen sich berührend eine Sprache schuf, die, wenn auch mit Vorwalten des süddeutschen Elements, jedem deutschen Ohr zugänglich und verständlich sein, die eine gemeinsame Sprache aller Deutschen vorbereiten sollte. Aus den edelsten Metallen des unerschöpflichen deutschen Sprachschachtes gegossen, ward sie in Luthers Händen die Glocke, welche die Reformation, den dreißigjährigen Krieg, die ganze neue Geschichte eingeläutet hat.

Mehr als den Griechen der Sänger der Odyssee und Ilias muß uns Deutschen, Katholiken wie Protestanten, der Uebersetzer der Bibel gefeiert sein. Die altionische Sprache gehörte nicht dem Dichter, sondern der Nation an. Die Sprache der Bibelübersetzung aber mußte sich erst geltend machen durch die Gewalt des Genius, sie gehörte Luther an in dem Sinn, wie man nur irgend auf diesem Gebiet das Eigentumsrecht für eine Person in Anspruch nehmen darf.

Denkt euch, Luthers Sprache wäre nicht durchgedrungen. Zerrissen wäre das mächtigste Band, das Süd und Nord umschlingt. Der Norden würde nichts vom Süden, der Süden nichts vom Norden wissen.

Die theuersten Namen, die jetzt im Herzen der ganzen Nation wiederklingen, würden hie und da in einem Winkel Deutschlands genannt werden und etwa die Eitelkeit ihrer Landsleute aufblähen, alle großen Männer, die in unserm Vaterlande die Sprache Luthers geredet, alle Genien der ernsten und fröhlichen Wissenschaft, auf die wir unsern Stolz setzen, ja welche die Vorsehung selbst uns zum erhebenden Selbstgefühl erweckt zu haben scheint, würden mit vergeblicher Sehnsucht ihre Flügel über Deutschland ausgebreitet haben, wären von ihrer Geburt an zur Verschrumpfung und Lähmung bestimmt gewesen. Es ist so viel Unglück seit Luther über dieses arme Land hingegangen, daß man zweifeln könnte, ob nur der Name Deutschland, Deutscher, ehre. Luthers Schriftsprache, dieses Schwerdt, das Wunden schlug und heilte, über dem unsäglicher Wirrwarr sich schwebend erhalten hatte.

Das kaiserliche Reichsschwerdt ist zerbrochen, Luthers Sprache ist Reichsschwerdt geworden, glanzvoller, schwungreicher, mächtiger, gefürchteter, als je eins in der Hand eines Hohenstaufens oder Habsburgers geblitzt hat.

Sprache Luthers, kaiserliches Schwerdt, der Muth hat Dich gestählt, die Freiheit Dich geschliffen, der Kampf Dich erprobt.

Sprache Luthers, kaiserliches Schwerdt, rein bist Du von den Blutflecken der Religionskriege, rein und gesäubert vom Geifer theologischer Streithähne, vom Rost des gelehrten und amtlichen Pedantismus.

Führt es ihr Söhne des Lichts, denn ihr seid unüberwindlich mit dieser Waffe.

Berührt es nicht, ihr Kinder der Nacht, denn es ist scharf und fährt zurück auf eure eigenen Schädel.

* * * * *

Man kann Werth und Würde der deutschen Schriftsprache lebhaft anerkennen und dennoch wünschen, daß die ober- und niederdeutschen Dialekte sich im Munde des Volkes lebendig erhalten. Ich theile diesen Wunsch nicht. Was namentlich die Frage betrift, welche den Gegenstand dieser kleinen Schrift ausmacht: *„ist die niedersächsische Volkssprache zu pflegen oder auszurotten?“* so antworte ich aus innigster Ueberzeugung und aus Gründen, welche ich darlegen werde: *sie ist auszurotten, durch jedes mögliche Mittel auszurotten.*

Verständigen wir uns über etwas sehr Wesentliches. Daß die plattdeutsche Sprache der Zeit verfallen und aussterben wird, ist keine Frage mehr.

Eine jede Sprache, die nicht Schriftsprache, Sprache der Bildung, des gerichtlichen Fortschrittes, der politischen, religiösen, wissenschaftlichen, artistischen Bewegung ist, muß bei dem Stand und Gang unserer Kultur einer Schrift- und Bildungssprache Platz machen, muß wie die frisische in Holland, wie die zeltische in Bretagne, die baskische in Spanien allmählig aussterben. Auszusterben ist das nothwendige und natürliche Schicksal der plattdeutschen Sprache. Nichts kann sie vom Untergang retten. Schreibt plattdeutsche Lustspiele, Idyllen, Lieder, Legenden — umsonst; das Volk liest euch nicht — liest es nur den Reineke de Vos? — ihr begründet keine plattdeutsche Literatur, ihr macht die verblühende Sprachpflanze durch euren poetischen Mist nicht blühender — sie wird aussterben. Ihr preiset diese Sprache als alt, ehrlich, treu, warm, gemüthlich, wohlklingend — ihr habt Recht oder nicht — sie wird aussterben. Das ist das unerbittliche Gesetz der Notwendigkeit.

Allein, es ist wahr, das Nothwendige ist nicht immer das Wünschenswerthe. Gar vieles begiebt sich in Natur und Geschichte mit Nothwendigkeit, was nicht bloß die Klage des Thoren, sondern auch den gerechteren Schmerz des Weisen erregt. Immer ist es des denkenden Menschen würdig, sich dessen, was geschehen wird und muß, bewußt zu werden, immer der sittlichen Kraft und Würde desselben schädlich und unwürdig, sich willen- und wunschlos vor der Nothwendigkeit zu beugen. Nicht selten gelingt Aufschub Vertagung, wo auch nicht, der Mensch darf sich frei sprechen von Leichtsinn, träger Sorglosigkeit, er hat sich das Recht und die Beruhigung erworben, *animam salvavi* auszurufen.

Darum frage ich eigentlich, ist es wünschenswerth, daß Niedersachsens alte Sprache sich aus der Reihe der lebendigen verliert; wenn das, soll man ihren Untergang der Zeit überlassen oder soll man diesen beschleunigen; wenn letzteres, welches sind die Mittel dazu?

* * * * *

Um die deutsche Gemüthlichkeit ist es ein schönes Ding und was kann namentlich dem Niedersachsen gemütlicher sein, als seine angeborne Sprache. Doch ein schöneres Ding ist der muthige Entschluß, die Gemüthlichkeit einstweilen auszuziehn, wenn sie uns zu *enge* wird.

Grade das behaupte ich von der und gegen die plattdeutsche Sprache. Sie ist dem Verstand der Zeit längst zu enge geworden, ihr Wachsthum hat bereits mit dem sechszehnten Jahrhundert aufgehört, sie kann die geistigen und materiellen Fortschritte der Civilisation nicht fassen, nicht wiedergeben *und daher verurtheilt sie den bei weitem größten Theil der Volksmasse in Norddeutschland, dem sie annoch tägliches Organ ist, zu einem Zustande der Unmündigkeit, Rohheit und Ideenlosigkeit, der vom Zustand der Gebildeten auf die grellste und empörendste Weise absticht.*

Habe ich Recht ober Unrecht? Steht es nicht so mit dem Volk in Hannover, Westphalen, Meklenburg, Holstein u.s.w.? Wurzelt nicht das Hauptübel im absoluten Unvermögen der täglichen Umgangssprache, den nöthigsten Ideenverkehr zu bewerkstelligen?

Daß ich in beiden Unrecht hätte. Aber den Stein, den diese Anklage gegen die plattdeutsche Sprache als eine Feindin der Volksbildung, der geistigen Thätigkeit erhebt, derselbe gewigtige Stein muß erhoben werden von jedem Niedersachsen, jedem Deutschen, dem der materielle und geistige Zustand von Millionen Brüdern, dem die Gegenwart und die Zukunft Deutschlands nicht gleichgültig ist.

* * * * *

Halte ich einen Augenblick inne. Ob diese Schrift auch Leser findet, die in hohe aristokratische Privilegien eben in dem gerügten Gebrechen, eben in dem Umstand, daß die plattdeutsche Sprache seit drei Jahrhunderten nichts gelernt, eine Tugend derselben entdecken? Soll ich Rücksicht auf solche Leser nehmen? Soll ich die reine Absicht, die mir vorschwebt, durch alle Blätter mir verbittern?

Aber es giebt solche, du kennst solche! Wolan denn, mache ich es gleich und auf einmal mit ihnen ab.

Ja, ihr Herren, diese Sprache hat nichts gelernt seit dem sechszehnten Jahrhundert, sie hat sich mit keiner einzigen Idee, keinem einzigen Ausdruck der neuen Geschichte bereichert, sie hat nicht einmal ein Wort für Bildung, nicht einmal ein Wort für Verfassung — ja, ihr Herren, sie ist noch ganz und gar die Sprache des sechszehnten Jahrhunderts, die Sprache der Hetzjagden, der Peitschenhiebe, der Hundelöcher, die Sprache des Bauernkrieges und — spürt ihr nichts vom kurzen Takt der Dreschflegel darin, und seht ihr nicht etwas von kurzem Messer, geschwungener Sense, geballter Faust als Titelvignette vor den Ausgaben plattdeutscher Lexika paradiren? — Täuscht euch nicht, sie ist noch immer die Sprache des sechszehnten Jahrhunderts und schleppt die gebrochenen Ketten sichtbar mit sich umher, und pflügt und ackert jeden Frühling und jeden Herbst den alten Grimm in die alten Furchen hinein. O sie ist schrecklich treu, schrecklich dumm und gemüthlich; aber laßt euch sagen, sie hat wenig Religion, nur sehr wenig und sie kennt, wenn sie wild wird, den Teufel besser als den lieben Gott. Worüber ihr euch nicht sehr zu verwundern habt; denn als sie katholisch war, da war das

Christenthum, die Messe nämlich, lateinisch und als sie lutherisch wurde, wurde das Christenthum, Predigt und Katechismus hochdeutsch. Bedenkt auch nur, betet denn gegenwärtig ein einziger Bauer oder Bauernknecht das Vaterunser und den Glauben in der Sprache, worin er seinen Gevatter bewillkommt, im Kruge Schnaps und Bier fordert oder dem Steuereinnehmer einen derben Fluch zwischen den Zähnen hinterherschickt? Wahr ist es also, diese Sprache hat nichts gelernt, allein sie hat auch *nichts vergessen*, es sei denn ihre alten Lieder, ihren fröhlichen Gesang und eben das Vaterunser, das sie früher doch, wie ich glaube, hat beten können.

Nehmt euch ein Bild zu Herzen, das ich euch, — das ich Allen vorhalte.

Eine Sprache, die stagnirt, ist zu vergleichen mit einem See, dem der bisherige Quellenzufluß versiegt oder abgeleitet wird. Aus dem Wasser, worüber der Geist Gottes schwebte, wird Sumpf und Moder, worüber die unreinen Geister brüten. Der Wind mag wehen woher er will, er gleitet spurlos über die stürmisch grüne Decke hin Der Himmel ist blau und heiter oder stürmisch gefärbt, das rührt ihn nicht, keine Sonne keine Wolke spiegelt sich mehr auf der trüben Fläche. Bild der Unzufriedenheit, der Gleichgültigkeit, der Tücke, der Gefahr. Wehe dem Mann, *der im Trüben fischen will* und ausgleitet — was helfen ihm rüstige Arme, Schwimmkunst, er versinkt, er erstickt im tauben Schlamm.

Die Sprache ist das Volk.

* * * * *

Ja wohl, die Sprache ist das Volk und es gab eine Zeit wo das niedersächsische Volk und die niedersächsische Sprache poetisch waren. Das ist sehr lange her, die Zeit war heidnisch und der Germane von Poesie, Muth, Stolz und Freiheit durchdrungen. Die kühnsten Gedichte aus dieser „rauhen Vorzeit," wenn gleich schon vom Duft der Klostermauern angewittert und durch Mönchsfedern auf die Nachwelt gekommen, verraten niedersächsischen Dialect.

Ich weiß nicht ob viele meiner Leser sich Begriff und Vorstellung machen von der wunderbaren Natur einer Sprache, die einem vermeintlich barbarischen und rohen Sittenzustande angehört. Diese müssen mir, und wenn nicht mir, Jakob Grimm, dem Linnäus der deutschen Sprachgeschichte auf's Wort zu glauben, daß keine Sprache gegenwärtig auf dem Erdboden gesprochen wird, die an Bau und Künstlichkeit jener alt-plattdeutschen Sprache das Wasser reichte. Die grammatische, innerliche Gediegenheit hatte sie mit den ältesten Grundsprachen und mit ihrer oberdeutschen Schwester gemein und übertraf diese vielleicht an Klang, Kraft und Wohllaut. Allein, das Schicksal wollte ihre Schwester erheben und sie fallen lassen. Jene hat im

Verlauf der Zeit auch unendlich viel von ihrer leiblichen Schönheit und jugendlichen Anmuth eingebüßt, allein sie hat Gewandtheit, Schnelle, Feinheit des Ausdrucks, Begriffsschärfe, vermehrte Zahl der Combinationen zum Ersatz dafür eingetauscht. Die niedersächsische Sprache dagegen hat ihre Jugend und stählerne Kraft verloren; ohne an Verstand und innerer Feinheit zu gewinnen. Ihre grammatischen Formen wurden zerstört und in noch höherem Grade, als die der Schwestersprache, aber ohne daß man bemerken konnte, daß der scharfe Gährungsprozeß der antiheidnischen neueuropäischen Bildungsfermente an der Auflösung einigen Antheil genommen, sondern ersichtlich und durch dumpfes trübes Verwittern, das auch Holz und Stein und alles Leblose oder Absterbende allmählig abnagt und zerfrißt.

Als die althochdeutsche Sprache in die mittelhochdeutsche überging, schaute diese als Siegerin auf dem Turnierplatze des deutschen Geistes umher, sie war es geworden ohne Kampf. Sprache des mächtigsten und kunstliebendsten Kaiserhauses, lebte sie im Munde der Fürsten, Ritter, Sänger mit und ohne Sporn, Sänger mit und ohne Krone, welche die elegante Literatur ihres Zeitalters begründeten, war sie, was mehr sagen will, die Sprache des Nibelungenliedes und anderer deutschen Nationalgedichte, welche mit Ausnahme jener ältesten Reliquien theils nie, theils nur in späterer Uebersetzung im Plattdeutschen schriftsässig wurden.

Welcher Bann, frage ich, lag über der niedersächsischen Literatur? Derselbe Bann, der über dem Volk und seiner Geschichte lag. Es sollte die mächtige Naturkraft, die einst diesen Stamm beseelte, stocken und starren und als trüber Bodensatz des germanischen Geistes zurückbleiben.

Welche Kette von Hemmnißen, betäubenden und zerreißenden Unglücksschlägen nur bis zum sechszehnten Jahrhundert!

Karl des Großen Sachsenkrieg, gewaltsam blutige Ausrottung des Wodandienstes ohne wahrhafte Anpflanzung der Christusverehrung, Sachsen und Slaven stoßen sich hin und her und mischen sich unter einander, die alte Sachsenfreiheit schwindet, die Leibeigenschaft nimmt furchtbar überhand, der Krumstab zu Bremen ist schwach und gewährt keinen Schutz, das sächsische Kaiserhaus übertreibt die Großmuth und entäußert sich seiner zu Würde und Glanz so nothwendigen Stammbesitzungen, Heinrich der Löwe, die welfische Macht geht unter, deren Sieg über die hohenstaufische Norddeutschland so gehoben hätte wie ihre Niederlage Süddeutschland emporbrachte, selbst der belebende Einfluß der Hansa zeigt sich nur im Sinnlichen, nicht im Geistigen wohlthätig, ihr Seehandel nach dem Norden macht sie nur mit Völkern und Sitten bekannt, die noch roher waren, als sie selbst; Dagegen Süd-Deutschlands Handelsstädte, Nürnberg, Augsburg mit dem hoch gebildeten Oberitalien in Verkehr standen.

Und nach dem fünfzehnten Jahrhundert! Muß ich nicht Luther selbst und die Reformation voranstellen? Darf ich verschweigen, daß die *unmittelbaren* Wirkungen dieser auf Jahrtausende hinaus wirkenden Begebenheit, wie für ganz Deutschland, so insbesondere auch für Niedersachsen nicht glücklich, nicht segenbringend waren? Welch ein Gemälde des Innern: rabulistische Theologen, hexenriechende Juristen, blutdürstige Obrigkeiten, dumpfer Haß, ächzende Kirchengesänge, furchtbarer Wahnglaube an Zauberei, Bezauberung und Teufelsbesessenheit[2]. Welch ein Gemälde des Aeußeren: der dreißigjährige Krieg, Magdeburgs Untergang, Schwedens Besitznahme norddeutscher Städte und Provinzen, Hannovers Verwandlung aus früherem Reichslehn in einen Familienbesitz englischer Könige, wie schon früher und vor Luther Nordalbingien in einen Familienbesitz dänischer Könige, selbst Brandenburgs steigende Größe, die zu guter letzt die Wagschaale der Macht und des politischen Einflusses überwiegend auf jene nordöstlichen Provinzen Deutschlands niedersenkte, die von slavischer Stammbevölkerung ursprünglich der Wurzelkraft des germanischen Lebens entbehrten, aber durch Aussaugen und Anziehen germanischer Säfte und Kräfte sich konsolidirt und ausgebildet hatten.

Lasse ich die schwere Kette fallen, es fehlt ihr so mancher Ring, dessen Ergänzung ich dem Geschichtforscher überlasse.

Wie konnte, bei einer solchen Zahl und Reihe von Schicksalen der niedersächsische Stamm gedeihen, wie konnte sich eine eigentümliche Literatur unter ihm geltend machen[3], wie konnte die Volkssprache selbst sich der Entwürdigung und Verschlechterung entziehen? Auf welcher Bildungsstufe mußte die neuere Zeit Volk und Sprache antreffen, wie tief unter der nöthigsten Fassungskraft, wie selbst ohne Ahnung dessen, was zur Begründung und Sicherung eines verbesserten Staatslebens elementarisch vorauszusetzen?

* * * * *

Allein, höre ich Jemand einwerfen, wenn auch die plattdeutsche Sprache ganz dem Bilde gleicht, das du von ihr entworfen, wenn sie *selbst* auch unfähig ist, Element der Volksbildung zu sein, so erwartet eigentlich auch Niemand dieses Geschäft von ihr, das ja von der allgemein verbreiteten und verstandenen hochdeutschen Sprache längst übernommen und verwaltet wurde.

Antwort: übernommen aber nicht verwaltet. Damit behauptet man einen Widerspruch gegen alle Vernunft und Erfahrung. *Selbst die allgemeinste Erlernung und Verbreitung der hochdeutschen Sprache übt so lange gar keinen oder selbst nachteiligen Einfluß auf die Volksbildung, als neben ihr Plattdeutsch die Sprache des gemeinen Lebens bleibt.*

Allerdings wird die hochdeutsche Sprache als Organ der Volksbildung überall in Niedersachsen angewendet. Es gibt wol wenig Dörfer, wo die Jugend nicht Gelegenheit findet, das Hochdeutsche ein wenig verstehen, ein wenig sprechen, ein wenig lesen und ein wenig schreiben zu lernen. Die Leute müssen wol. Amtmann, Pfarrer, Bibel, Gesangbuch, Katechismus, Kalender sprechen hochdeutsch. Ohnehin sind die Kinder schulpflichtig und beim Hobeln setzt es Spähne ab.

Allein, Jedermann weiß, plattdeutsch bleibt ihr Lebenselement. Das sprechen sie unter sich, zu Hause, im Felde, vor und nach der Predigt. Das kommt ihnen aus dem Herzen, dabei fühlen sie sich wohl und vergewissern sich, daß sie in ihrer eigenen Haut stecken, was ihnen, sobald sie hochdeutschen, sehr problematisch wird.

Der erste Schulgang macht in der Regel auch die erste Bekanntschaft mit der hochdeutschen Sprache. Mit Händen und Füßen sträubt sich der Knabe dagegen. Ich bedaure ihn, er soll nicht bloß seine bisherige Freiheit verlieren, unter die Zuchtruthe treten, buchstabiren lernen, was auch andern Kindern Herzeleid macht; er soll überdies in einer Sprache buchstabiren und lesen lernen, die er nicht kennt, die nicht mit ihm aufgewachsen ist, deren Töne er nicht beim Spiel, nicht von seiner Mutter, seinem Vater, seinen kleinen und großen Freunden zu hören gewohnt war. Alles was er von diesem Augenblick an liest, lernt, hört in der Schule und unter den Augen des Lehrers, klingt ihm gelehrt, fremd, vornehm und tausend Meilen von seinem Dorf entfernt. Daß der rothe Hahn in seiner Fibel *kräht* und der lebendige in seinem Hause *krait*, scheint ihm sehr sonderbar. In der Bibel nennen sich alle Leute *du*, der Unterlehrer sagt zum Oberlehrer *sie*, er aber ist gewohnt, bloß seine Kameraden zu dutzen, Vater, Mutter und andere Erwachsene mit *he* und *se* anzureden. Kommt an ihn die Reihe zu lesen, laut zu lesen, so nimmt er die Wörter auf die Zunge und stößt sie heraus wie die Scheiben einer Frucht, die er nicht essen mag, weil er sie nicht kennt. Was er auswendig lernt, lernt er nicht einwendig. Was ihm allenfalls noch Vergnügen macht, ist der gemeinschaftliche Gesang am Schluß der Schule und auf Kirchbänken. Von Natur mit einer hellen durchdringenden Stimme begabt, wetteifert er mit dem Chor um die höchsten Noten, betäubt seinen Kopf und findet eine Art Vergnügen und Erholung darin, dieselben Verse des Gesangbuches bloß herauszuschreien, die er zu anderer Zeit auswendig lernen muß.

Erreicht er das gesetzliche Alter, so wird er konfirmirt. Wer ist froher als er. Nun tritt er völlig wieder in das plattdeutsche Element zurück, dem er als Kind entrissen wurde. Er hat die ersten Forderungen des Staates und der Kirche erfüllt. Er hat seinen Taufschein durch seinen Confirmationsschein eingelös't. Ersteren bekam er ohne seinen Willen zum Geschenk, um letzteren mußte er sich, auch wider seinen Willen, redlich abplacken.

Auf beide Scheine kann er später heiraten und Staatsbürger werden.

Was ist die Frucht dieses Unterrichts? Er hat rechnen, lesen und schreiben gelernt. Er kann auch lesen und schreiben, aber er lies't und schreibt nicht. (Umgekehrt der französische Bauer, der kann nicht lesen, aber er läßt sich vorlesen). Ich frage also, was ist die Frucht dieses hochdeutschen Unterrichts? Welchen Einfluß übt derselbe auf sein Geschäft, auf seine Stellung als Familienvater, Staatsbürger, Glied der Kirche, der sichtbaren, wie der unsichtbaren?

Folgen wir ihm, wenn er aus der Kirche kommt. Die Predigt ist herabgefallen, der Gesang verrauscht wie ein Platzregen auf seinen Sonntagsrock, zu Hause zieht er diesen aus und hängt ihn mit allen Worten und himmlischen Tropfen, die er nicht nachzählt, bis zum künftigen Sonntag wieder an den Nagel. Frage: kann er die hochdeutsche Predigt hochdeutsch durchdenken, spricht er mit Nachbaren, mit Frau und Kindern hochdeutsch vom Inhalt derselben, ist er gewohnt und geübt, ist er nur im Stande, den religiösen Gedankengang in's Plattdeutsche zu übersetzen? Antwort: schwerlich. Frage: hat ihn die Predigt das Herz erwärmt, den Verstand erleuchtet? Antwort ein Schweigen. Armer Bauer, vor mir bist du sicher, ich lese dir darüber den Text nicht. Kannst du etwas dafür, daß der Kanzelton nicht die Grundsaite deines Lebens berührt, daß jener Nerv, der von zart und jung auf gewohnt ist, die Worte der Liebe, der Herzlichkeit, des Verständnisses in dein Inn'res fortzupflanzen, nicht derselbe ist, der sich vom Klang der hochdeutschen Sprache rühren läßt. Wer auf der Gefühlsleiter in deine Herzkammer herabsteigen will, muß wollene Strümpfe und hölzerne Schuh anziehen, in schwarzseidenen Strümpfen dringt man nicht bis dahin. Wüßte man nur, begriffe man nur, wie es in deinem einfältigen Kopf zusteht und daß die hochdeutschen Wörter und die plattdeutschen Wörter, die du darin hast sich gar nicht gut mit einander vertragen, sich nicht verstehn und sich im Grund des Herzens fremd, ja feind sind. Die plattdeutschen Wörter sind deine Kinder, deine Nachbaren, dein alter Vater, deine selige Mutter, die hochdeutschen sind der Schulmeister, der Herr Pastor, der Herr Amtmann, vornehme Gäste, die dir allzuviel Ehre erweisen, in deinem schlechten Hause vorzukehren, mit dir vorlieb zu nehmen, Wörter in der Perrücke, in schwarzem Mantel, welche deine und deiner plattdeutschen Wort Familie

Behaglichkeit stören, dich in deiner Luft beeinträchtigen, dir bald von Abgaben, bald von Tod und jüngsten Gericht vorsprechen, Grablieder über deinen Sarg singen werden, ohne sich über deine Wiege gebückt und *Eia im Suse* und andere Wiegenlieder gesungen zu haben. Armer Bauer, ich habe dich immer in Schutz genommen und diese Schrift, obgleich du sie nicht lesen wirst, ist eigentlich nur für dich und zu deinem Heil und Besten geschrieben. Viele Leute aus der Stadt klagen dich an, daß du trotz deiner Einfalt verschmizt bist, trotz deiner Rohheit nicht weniger als Kind der Natur bist, sie sagen, daß du dir eine und die andere Gewissenlosigkeit gar wenig zu Herzen nimmst. Aber ich habe ihnen immer geantwortet, unser Bauer hat nicht zu wenig Gewissen, er hat zu viel. Er hat zwei Gewissen, ein hochdeutsches und ein plattdeutsches, und das eine ist *ihm* zu fein, das andere *uns* zu grob und dickhäutig. Zu diesem wird ihm in seinem eigenen Hause der Flachs gesponnen, jenes webt ihm die Moral und die Dogmatik; in dem einen sitzt er wohl und warm und es ist sein Kleid und Brusttuch so lange er lebt, in dem andern friert ihn und er hält es nur deswegen im Schrank, um damit einmal anständig unter die Schaar der Engel zu treten.

Ist ihm sein Verhältniß zum Staat durch den hochdeutschen Unterricht vielleicht klarer geworden, als sein Verhältniß zur Kirche? Erwirbt er sich durch das hochdeutsche Medium, das einzige, das ihm Aufschlüsse über eine so wichtige Angelegenheit geben kann, Kenntnisse von seinen Rechten und Pflichten im Staats-Verein, ist ihm dadurch ein Gefühl von Selbstständigkeit, ein Bewußtsein von den Grenzen der Freiheit und des Zwanges, von Gesetz und Willkühr aufgegangen, Gemeinsinn geweckt: sein dumpfes egoistisches Selbst zu einem Bruderkreise erweitert, der Wohl und Weh an allen Gliedern zugleich und gemeinschaftlich spürt? *Wie* das alles? Seine Beamte klären ihn nicht auf und er selber — er liest nicht, er nimmt keine Schrift, kein Blatt zur Hand, er läßt sich auch nicht vorlesen, das ist gelehrt, hochdeutsch, geht über seinen Horizont, läßt sich nicht weiter besprechen, sein Verstand hat kaum einen Begriff, seine Sprache kein analoges Wort dafür. Armer Bauer. Und wenn Wunder geschähen und die tausend Stimmen der Zeit, die für dich und an dich gesprochen, dein Ohr nicht erreichen, wenn sie sich verwandelten und ergößen in eine göttliche Stimme, die vom Himmel riefe: Bauer, hebe dein Kreuz auf und wandle — du würdest liegen bleiben und sprechen: das ist hochdeutsch.

Wie er seine Acker vorteilhafter bestellen, seine Geräthe brauchbarer einrichten, nützlicher dieses und jenes betreiben, wohlfeiler dieses und jenes haben könne, das lehren ihn Blätter und Schriften, von Gesellschaften oder Einzelnen herausgegeben, vergebens: er liest sie nicht. Schlägt man ihm sonstige Verbesserungen und Veränderungen vor, so schüttelt er den Kopf und bleibt starrsinnig beim Alten. *Dat geit nich, dat wil ik nich, dat kan ik nich, ne dat do ik nich*; unglückselige, stupide Worte, wie viele beabsichtigte Wohlthaten macht ihr täglich scheitern, habt ihr scheitern gemacht. Unseliger Geist der Trägheit, der hier mit der Sprache Hand in Hand hinschlentert, mit dieser vereint, durch diese gestärkt allem Neuen und Bewegenden Feindschaft erklärt. Wann erlebt der Menschenfreund, daß dieses unsaubere Paar geschieden wird. Wann erscheint die Zeit, wo diese Eselsbrücke zwischen Gestern und Vorgestern abgebrochen wird, wo die einzig; mögliche Verbindungsstraße zwischen der heutigen Civilisation und dem norddeutschen Bauer, die hochdeutsche Sprache, diesem wahrhaft zugänglich gemacht wird? Aermster, ich klage dich ja nicht an, ich bedaure dich ja nur.

Oder muß es so sein, muß der deutsche Bauer ein Klotz, ich sage ein Klotz bleiben. Ist es sein ewiges Schicksal nur die Plage des Lebens und nicht deßen Wohlthaten zu genießen? Wird sich nicht einmal seine enggefurchte Stirn menschlich erheitern, ist es unvereinbar mit seinem Stande, seinem Loose, gebildeter Mensch zu sein, mit gebildeten Menschen auf gleichem Fuß zu leben, sich nicht allein mit Spaten und Pflug, sondern auch mit Kopf und Herzen zu beschäftigen?

* * * * *

Das sind sehr exotische Ideen in Niedersachsen! Ich weiß, ich weiß. Ich will sie aber aussprechen, ich will sie vertheidigen, ich will das Meinige dazu thun, daß *einheimische* Ideen, Fragen und Wünsche daraus werden. Lange genug ist die Bildung ein ausschließliches Vorrecht einiger Menschen, gewißer Stände gewesen. Das muß aufhören, gebildet sollen alle Menschen sein, gelehrt wer will. Volksbildung, und nicht bloß wie bisher Volksunterricht, soll und wird das Ideal, das Feldgeschrei der Zeit werden. Unsere Gelehrten, unsere Beamte, unsere guten Köpfe unter den Schriftstellern werden ihren Hochmuth fahren lassen, sich des Volkes erbarmen, und sich einmal erinnern, daß sie selber in der Mehrzahl aus dem Volke stammen. Noch im vorigen Jahrhundert gab sich so ein Gelehrter, Philosoph, Dichter, der vielleicht aus dem dunkelsten Stande geboren war, die lächerliche Miene, als ob er unmittelbar aus dem Haupt des Gottes der Götter entsprungen sei und den Olymp besser kenne, als das Haus der armen Frau: die ihn mit Schmerzen geboren und mit Thränen, Sorgen und Entbehrungen groß gezogen hatte. Kein Dichter stürmte seinen Schmerz und Unmuth über die Erniedrigung des Volks in die Saiten, kein Gelehrter schämte und grämte sich, die ihm von Natur nächsten und liebsten Wesen von sich getrennt zu sehn durch eine ungeheure geistige Kluft, welche nur die Bildung der alten und neuen Welt auszufüllen vermogte. Lessing schreibt den Nathan, und beweist, daß der Jude eben so viel Ansprüche habe auf den Himmel als der

Christ, aber er schreibt nichts, worin er beweist, daß der Bauer, sein Vetter, eben so viel Ansprüche habe den Nathan zu lesen, als der vornehme und gebildete Stadtmensch. Winkelmann steht am Fuße des Vatikans und erfüllt die Welt mit Orakelsprüchen über die Schönheiten des Apoll von Belvedere, über das göttliche zornblickende Auge, die geblähten Nasenflügel, die verächtlich aufgeworfene Unterlippe, „eben hat er den Pfeil abgesandt nach den Kindern der Niobe, noch ist sein Arm erhoben," und im selbigen Augenblicke vielleicht, als er dieses spricht, hebt sein Vater, ein armer Altflicker, gedrückt und gebückt über den Leisten hingebogen, Pfriem und Nadel in die Höhe, blickt mit geisttodten, stumpfen Augen auf einen Kinderschuh und gewährt den Anblick eines Menschen, gegen den gehalten der letzte Sclave des Praiteles, der an die Paläste der altrömischen Großen wie ein Hund angekettete Thürwächter apollinische Gestalten waren.

Volksbildung, o das Wort hat einen griechischen Klang in meinen Ohren und ich muß daher fast bezweifeln, ob es auch von meinen Landsleuten gehörig verstanden wird. Schulleute und Gelehrte werden schon wissen, was ich meine, ich brauche nur die Wörter zu nennen: γυμναςτιχα, *studia liberalia, id est*, wie mein alter Schuldirektor glossirend hinzufügte, *studia libero homine digna*. Für das größere Publikum muß ich mich wol zu einer etwas umständlichern Erklärung anschicken und besonders für diejenigen, welche nicht begreifen, wie das Volk nicht bloß unterrichtet, in Lesen und Schreiben geübt, sondern auch gebildet werden solle.

Zur Volksbildung, wie zu jeder Bildung gehört zweierlei, etwas Negatives und etwas Positives. Sage ich aber vorher, daß ich die Saiten nicht zu hoch spanne und daß ich so dem natürlichen Muthwillen der Knaben die ganze körperliche Gymnastik, und der Gunst der Götter ihren Schönheitssinn, ihre musikalische Praxis und dergleichen überlasse. Im Negativen ist die Aufgabe der Bildung, die *vis inertiae* der rohen Natur vertreiben und bezwingen zu helfen — das Kapitel ist weitläufig — es besteht aber die *vis inertiae*, die Erbsünde des menschlichen Geschlechts, darin, daß im Allgemeinen der ungebildete Mensch — was nun gar der norddeutsche Bauer — Selbstdenken scheut, Vorurtheile pflegt, fremde Meinungen herleiert, Thier der Gewohnheit, tausendstes Echo, Sclave von Sclaven ist, besteht, wie schon die Bibel sagt, darin, daß er Augen hat zu sehen und nicht sieht, Ohren um zu hören und nicht hört, besteht, um alles kurz zusammenzufassen, darin, daß er sich seines eigenen Verstandes, seines eigenen Gefühls, seines eigenen Willens nur in den wenigsten Augenblicken des Lebens bewußt wird. — Der weichenden Kraft der Trägheit folgt, wie eine elastisch nachdrückende Feder, die allmählich hervorspringende Kraft der Thätigkeit. Diese soll beschäftigt werden, *angemessenen* Stoff finden, eine *bestimmte Richtung* erhalten. Das ist das

Geschäft der Bildung im Positiven, das ist das Säen des Weizenkorns, wenn der Acker von Steinen gereinigt, von unfruchtbarer träger Last befreit, durchbrochen, gepflügt und gefurcht. Trieb, Lust und Kraft zum Verarbeiten des Saamenkorns in sich spürte. Mensch und Acker, diese beiden urältesten, natürlichsten und durch den religiösen Stil aller heiligen Urkunden gleichsam geweihten Vergleichungsobjekte, sind sich hauptsächlich darin ähnlich, daß der Schöpfer über beide das Wort ausgesprochen hat: erst gepflügt und dann gesäet — erst den starren trägen Zusammenhang der Oberfläche, der Gemüthsdecke durchbrochen, dann hinein mit dem lieben Korn und — jedem Feld das seinige nach Art des Bedürfnisses, nach Güte und Beschaffenheit des Bodens[4].

Lehrer, wollt ihr mehr als Lehrer, wollt ihr Bildner des Volks sein, lehrt denken, denken und abermals denken. Gedankenlosigkeit für eine Sünde, bestraft sie wie einen Fehler, bindet meinetwegen euren Schülern ein symbolisches Brett vor den Kopf oder stellt sie mit dem Kopf an die bretterne Wand, oder hängt ihnen, wie die Engländer thun, Eselsohren an, oder setzt sie, wie unsere Alten thaten, mit dem Steiß auf hölzerne Esel und vor allen Dingen, hütet euch, selbst die Esel zu sein.

Ich bin aber gar nicht gesonnen, bloß den Lehrern *ex professo* die Volkserziehung anheim zu stellen — ihnen dieselbe auf den Stücken zu laden, sollte ich wol sagen, bedenke ich das Loos so vieler tausend braven Männer, die bei kümmerlichem Brod ihre tägliche Noth und Sorge haben. Nur immer die Lehrer, nur alles auf ihre Kappe, nur alle Sorge, allen schlechten Erfolg der Erziehung auf ihren Antheil gewälzt. Das ist bequem, bequem freilich, aber nicht patriotisch. Jeder Patriot ist gelegentlich und er sucht die Gelegenheit — Erzieher, Bildner der Menschen, in deren Umgebung er lebt, hier hebt er einen Stein auf, dort ist sein Wort eine Pflugschaar, welche ein Stück harter Kruste aufreißt, dort ein Saamenkorn, das sich heimlich und zu einstiger Frucht in die Spalten des Gemüths einsenkt.

Volksbildung, Wunsch meiner Wünsche, Ideal, nicht träumerisches, abgöttisches, rückwärts gewandtes, aufwärts in den leeren Himmel blickendes, ich glaube an Dich; Ideal, das keinem Dichter vielleicht Stoff zum Besingen gibt, das vielleicht unter der Würde des Metaphysikers steht, das die scholastische Zunft Ketzerei schilt und der Politiker belächelt, Ideal meiner Seele, Ideal aller Patrioten, im Namen aller spreche ich es aus, ich glaube doch und noch immerfort an Dich.

Laßt ihr gebildeten Niedersachsen die alten Feudalvorurtheile über den Stand eurer Bauern die unreifen Ansichten über ihre Bildungsfähigkeit fallen und fahren; erstere sind so roh, wie leider der Bauernstand jetzt noch selber, letztere so intellektuell hochmüthig, wie man nur immer von einem Stand exklusiv Gebildeter im und über'm Volk erwarten kann. Bedenkt aber, was ich sage. Ein Leibnitz, zehn Jahr mit sich allein im dunkeln feuchten Kerker, kann so dumm und albern werden, daß Gänsejungen und Kuhhirten ihren Witz an ihm versuchen. Nun, Monaden sollen unsere Bauern freilich nicht erfinden, Leibnitze nicht werden, aber doch mit denselben Atomen *ihres Hirns* über die Erscheinungen in der Welt, über Natur und Staat ihre Begriffe zusammensetzen, verbinden und auflösen, Gedanken bilden, Urtheile fällen und überhaupt sollen sie geistige Operationen vornehmen, welche in Leibnitzens Kopf schärfer oder abstrakt einseitiger durchgeführt die Lehre von urtheilbaren beseelten Weltstäubchen zum Resultat hatten.

Doch, das alles wird euch ein mecklenburgischer Bauer besser auseinandersetzen — wenn ihr nach einem Hundert oder Zweihundert Jahren zu *reveniren* Gelegenheit finden solltet.

* * * * *

Im vorherigen Abschnitt habe ich besonders oder ausschließlich nur auf die durch die herrschende plattdeutsche Sprache verhinderte und daher auch trotz dem Unterricht im Hochdeutschen verfehlte Bildung des Landmanns Rücksicht genommen[5]. Es ist aber auch schwer, wenn von der gewerbtreibenden Klasse, der großen Bevölkerung *norddeutscher Städte* die Rede ist, die Hemmung und Stockung zu verkennen, welche die plattdeutsche Sprache, wo sie dem täglichen Umgang angehört, über die Köpfe verhängt. Man stößt sich da, wo der Block liegt, nur sind die Pfähle, welche den engen plattdeutschen Ideenkreis in der Stadt wie auf dem Lande begrenzen und umpflöcken, hier mehr roh, dort mehr spießbürgerlich abgeschält und holländisch überpinselt, das ist der Unterschied. Doch giebt es besonders aus größeren norddeutschen Städten, eine erfreuliche Thatsache zu berichten. Viele aus den mittleren achtbaren Ständen, Handwerker u.s.w. haben in neuer und neuester Zeit angefangen, sich und ihren Familien eine andere Stellung zur hochdeutschen Sprache und Kultur zu geben, als von ihren Vätern und Vorfahren eingenommen wurde. Rühmlich ist es, was diese für ihre Kinder thun, mit wie viel Opfern sie oft ihren Lieblingen Gelegenheit verschaffen, sich für ihren künftigen Stand so zu befähigen, daß sie nicht, wie jetzt noch die Meisten aus dieser Klasse, mit leeren Händen und offenen Mäulern den Strom der Einsichten, Ideen, Kenntnisse und Bestrebungen an sich vorüberrauschen sehen, der Europa, Amerika, die Welt erfüllt. Rühmlich und verständig zugleich, denn es leitet sie der richtige Takt in der Beobachtung, daß Besitz und Vermögen in der Welt immer mobiler werden, daß im raschen Wechsel der Dinge, außer dem blinden Glück, worauf zu rechnen Thorheit wäre, Verstand und Kenntnisse, die ächten Magnete sind, um den aus den Taschen der Erwerbenden und Genießenden lustig hin und her wandernden Besitz anzuziehen, zusammenzuhalten und zu vermehren.

* * * * *

Während der niedersächsische Bauer bis über Kopf und Ohren im Plattdeutschen steckt, der Bürgersmann aber schon anfängt, sich zwangloser, als bisher, des hochdeutschen Mediums zu bedienen, sollte man vom Gebildeten *par exellence*, vom Musensohn, vom Beamten des Staats und der Kirche u.s.w. aussagen dürfen, daß er sich mit völliger Freiheit und Lust in hochdeutscher Sprache und Bildung bewegte und vom plattdeutschen Idiom nur außer und unter diesem Kreise Gebrauch machte. Allein die Sache verhält sich anders. Ich muß in dieser Hinsicht Gedanken äußern, Erfahrungen mittheilen, welche meinem Gegenstande eine ganz eigentümliche überraschende Wendung geben.

Thatsache ist nämlich, daß die plattdeutsche Sprache Haus- und Familiensprache in Tausenden von Beamtenfamilien, Lieblingssprache auf allen norddeutschen Universitäten ist. Diese Sprache also, die ich als Schranke alles Strebens und Lebens, als Feindin der Bildung betrachte, ist dieses so wenig in den Augen vieler meiner Landsleute, daß sie den vertrautesten Umgang mit ihr pflegen, daß sie ihr, der von Kanzel und Lehrstuhl und aus guter Gesellschaft längst Vertriebenen, eine Freistäte am Heerde ihres Hauses gewähren.

Hier im Schooß der Familien erscheint sie als Exponentin der innigsten Verhältnisse. In Scherz und Ernst führt sie oft das Wort, sie ist Vertraute der Gattenliebe, Organ der Kindererziehung, Sprache des Herzens, Lehrmeisterin der Sitte und praktischer Lebensklugheit. Hier hat sie auch meistens ihre Rohheiten abgelegt, kehrt die beste Seite heraus und scheint sich, gleichsam durch ihr Unglück gebessert, des Vertrauens würdig zu machen.

Kommt hinzu, daß ihre Schutzherrn nicht selten Männer von Talent, Geist und Namen sind. Berühmte Lebende könnte ich anführen, ich begnüge mich den seligen Johann Heinrich Voß zu nennen, der nicht allein in Eutin, sondern noch in Heidelberg bis an seinen Tod mit Frau, Familie und norddeutschen Gästen am liebsten und öftersten plattdeutsch sprach.

Das sind Thatsachen. Wie gleiche ich sie aus mit der Behauptung, die plattdeutsche Sprache sei Feindin der Bildung, des Ideenwechsels, der geistigen Lebendigkeit; jetzt, da ich selbst nicht umhin konnte, Männer von

Geist und Talent, von Gelehrsamkeit, rastloser Thätigkeit, Männer wie Voß als plattdeutsche zu bezeichnen?

Freilich, ich könnte den nachteiligen Einfluß der plattdeutschen Sprache eben nur auf das Volk und die Volksbildung beschränken. Ich könnte mich etwa, um dem *gebildeten Plattdeutschen* allen Anstoß aus dem Wege zu räumen, folgendermaßen darüber ausdrücken: *absolut dem Geiste lethal* ist das Plattdeutsche nur, wo hochdeutsch, sanskrit und böhmische Dörfer gleich bekannt sind, wie hie und da in Pommern und Meklenburg; was denn von den größten Freunden des Plattdeutschen zugegeben werden mußte, da gar nicht zu läugnen, daß an sich und für sich dasselbe nichts Lebendes und Bewegendes enthalte, sondern Todt und Stillstand selber sei; *geistig hemmend und lähmend* bleibt aber das Plattdeutsche immer noch aus der Stufe der Gesellschaft, wo ihm zwar das Hochdeutsche verständlich näher getreten, aber noch als ein Fremdes gegenüber steht; *ohne schädlichen Einfluß und gleichsam indifferent für Geist und Bildung* zeigte sich die plattdeutsche Sprache, da, wo sie der hochdeutschen nicht als Fremde gegenüber steht, sondern schwesterlich zur Seite geht.

Allein, ich fürchte, *indifferent* ist ein Ausdruck, der hier schon aus allgemeinen psychologischen Gründen unstatthaft erscheint. Zwei Sprachen auf der Zunge sind zwei Seelen im Leibe. Ist die eine Sprache die geliebtere, die Herzenssprache, so ist die andere, für welche Zwecke sie auch aufgespahrt wird, um ihren schönsten Anteil am Menschen zu kurz gekommen. Sie rächt sich, indem sie das nicht zurückgiebt, was sie nicht empfängt, sie schließt ihre innerste Weihe nicht auf und läßt sich wol als äußeres Werkzeug mit großer Kunst und Künstelei, aber nicht als zweites Ich mit Liebe und Freiheit gebrauchen.

Der hochdeutschen Sprache verdankt jeder Niedersachse sein veredeltes Selbst, ihr der aus dem Volk geborne Redner, Dichter, Schriftsteller sein Alles und Ruf und Namen im Kauf. Kann er ihr sein Herz dafür nicht zurückschenken, kann er sie nicht zur Sprache seiner häuslichen Freuden und Leiden machen, muß sie verstummen, sobald er gemüthlich wird, so steht sein gebildetes und veredeltes Selbst im geheimen Kontrast zu seinem intimen Selbst und es wird sich daher auch an seiner Bildung, an seinen Gedichten, Reden, Schriften diese Einseitigkeit, dieser Widerspruch offenbaren und nachweisen müssen.

Menzel hat's bekanntlich an Johann Heinrich Voß unternommen. Die Stelle in Menzels Literatur, die Voß betrift, ist bitter, frivol, einseitig, aber sie ist bedeutend und hat dieselbe nachwirkende Sensation hervorgebracht, wie das Urtheil über Göthe, das freilich noch einseitiger ausgefallen ist und sich selbst *à la* Pustkuchen lächerlich machte. Als ich Menzels Worte zum erstenmal las, fühlt ich mich empört. Zeig dich nur erst als so einen *niedersächsischen Bauer*, wie du den Voß zum Spotte nennst, rief ich im Zorn aus; allein ich mußte mir einen Augenblick darauf selbst sagen, daß diese Anmuthung an einen Süddeutschen weder billig noch selbst einladend genug klang und daß doch zugleich eben in meinem Ausrufe eine Art von halbem Zugeständnisse lag. Wirklich hatte ich schon immer eine Ansicht über Voß als Dichter und Uebersetzer gehegt, die bei aller Achtung Vor dessen großen, zweifellosen Verdiensten, durchaus nicht nach übertriebener, philologischer Bewunderung und niedersächsischem Patriotismus roch. Ich fand, daß er dem Genius der deutschen Sprache von Jahr zu Jahr mehr Zwang angethan, daß er zu roh und willkührlich an ihr gezimmert und losgehämmert und daß kein Deutscher, selbst Voß nicht, solche Wörter, Wendungen und Redensarten in den Mund nehmen konnte, wovon seine prosaischen und poetischen Schriften voll sind. Gegenwärtig lautet mein Urtheil vielleicht noch entschiedener. Ich sehe an Johann Heinrich Voß bestätigt, was ich eben aussprach. Die hochdeutsche Sprache hatte seine Liebe nicht völlig inne, daher erschloß sie ihm nicht ihr eigenes Herz, ihre Heimlichkeiten und Geheimnisse, ihre jungfräuliche Natur, die Blüthe ihres Leibes und Geistes, lauter Gaben und Geschenke, die man im zärtlichen Umgang freiwillig von der Geliebten eintauscht, nicht aber durch Willkühr und Zwang ihr abgewinnen kann.

Indem ich dieses allen Gebildeten in Niedersachsen zu bedenken gebe, bin ich keinesweges abgeneigt, einer patriotisch-wohlmeinenden Stimme aus ihrer Mitte Aufmerksamkeit zu schenken, welche die Ueberzeugung äußert, der Gebrauch der plattdeutschen Sprache in den Familien gebildeter Niedersachsen, welchen Einfluß er auch übe auf die intellektuellen wahren oder erträumten Bedürfnisse, auf die verfeinerte Civilisation, Bildung oder Verbildung der Zeit — ich schattire absichtlich diese Ausdrücke mit dem bekannten Pinsel, der ohne Zweifel aus guter aber beschränkter Absicht alles was der Gegenwart und der neuesten Zeit angehört gegen die gute alte im Schwarzen und Bedenklichen läßt — der Gebrauch sei ein guter und treflicher in Rücksicht auf den Charakter der Hausgenossen, weil mit der Sprache der Väter auch ihre alte ehrliche und treue Sitte, ihre Herzlichkeit, Gradheit und Biederkeit sich auf die Enkel fortpflanze.

Aufrichtig, du mir immer liebe Stimme, wenn da aus schlichtem, patriotischem Herzen kommst, ich weiß nicht ob unsere Urgroßväter so ganz diesem schmeichelhaften Silbe glichen. Es ist sonderbar damit, man spricht immer von der guten alten Zeit und jedes aussterbende Geschlecht vermacht die Sage davon an das aufblühende und die gute alte Zeit selbst läßt sich vor keinem sterblichen Auge sehn und ist immer um einige Stieg Jahre älter, als die ältesten lebenden Menschen. Ich muß lächeln, wenn ich an die

Verlegenheit wohlmeinender Chronisten und Geschichtschreiber denke, wenn sie, um das moralische Mährchen nicht zu Schanden werden zu lassen, sorgenvoll spähende Blicke in die Vergangenheit werfen, um auch nur einen Zipfel, einen Saum von der Schleppe der alten Guten oder guten Alten zu erhaschen. Man gebe nur Acht, wie listig sie sich dabei benehmen. Sie lassen ihr nie unmittelbar ins Gesicht sehen, sie sagen nicht, nun kommt sie, oder da ist sie; im Gegentheil wimmeln die Blätter ihrer Geschichte nicht selten eben vorher von kläglichen Zuständen, Schwächen, Lastern und Erbärmlichkeiten der menschlichen Natur, wenn sie dem Abschluß einer auserwählten, kleinen, glänzenden Periode sich nähern; dann aber, wenn der Vorhang fällt, die grellen Farben sich schwächen, die bösen Beispiele nicht mehr so lebhaft der Idee von guten Sitten entgegenarbeiten, wenn das Bild der Zeit abzieht, dann zeigen sie auf ihren bordirten Saum und rufen dem Zuschauer wehmüthig zu, da geht sie, da geht sie hin die gute alte Zeit und nun werden die jungen Zeiten anwachsen, ihre Kinder, die sind aber sehr ausgeartet und werden alte Zeit schlechter. Das man die Geschichte der Sitten von einem ganz andern Standpunkt und mehr im Großen der Welterscheinungen betrachten muß, das ahnen die guten Leute nicht.

Für jeden Einzelnen ist es freilich immer eine Sache der Pietät und ein wohlthuendes Gefühl, sich seine Vorfahren als durchgängig honette Leute vorzustellen. Der dunkele Bürgerliche oder Bäuerliche kann dieser Vorstellung wenigstens ohne großen geschichtlichen Anstoß und Widerspruch nachhängen, er hat hierin einen Vortheil vor den berühmtesten Adelsfamilien voraus. So ist in hochdeutschen bürgerlichen Familien die Vorstellung vom Großvater, Urgroßvater als altdeutschen Degenknopf die herschende und die liebste. Schwächer und allgemeiner bezeichnet sind die *epitheta ornanti* für bäuerliche Vorfahren, Degenknöpfe kann man sie schicklicherweise nicht nennen und der Bauerwitz ist bis jetzt noch nicht auf den Einfall gekommen, etwa die Ausdrücke von alten deutschen Piken, Sensen oder Messerscheiden auf sie anzuwenden. Ueberhaupt ist zu bemerken, daß das Wort deutsch nur hochdeutsch ist, und im originalen plattdeutsch des gemeinen Lebens nicht vorkommt, eben so wenig, wie die früherhin angeführten Wörter Bildung und Verfassung, so daß die Redensart „das gebildete und verfassungsmäßige Deutschland" in plattdeutscher Sprache noch weniger als eine Redensart und gar nichts ist.

Nach dieser vorläufigen Verständigung wäre zunächst der Hauptsatz einzuräumen, mancherlei alte Sitte geht durch den Gebrauch der plattdeutschen Sprache auf die Glieder der Familie über, und — *Folgesatz* — wird ihnen zeitlebens etwas ausdrücken oder anhängen, was sich nicht wol mit ihrer sonstigen Bildung vereinigen, sich nicht für die Zeit und heutige

Gesellschaft schicken will — das aber — *Nach- und Beisatz* — den Umgang mit dem Volk, das Einwirken auf das Volk zu erleichtern geeignet sein mag.

Letzteres betrachte ich in der That für sein unwichtiges Moment. Man sieht hier den Gebrauch der plattdeutschen Sprache in Prediger- und Beamtenfamilien unter seinen natürlichsten und vortheilhaftesten Gesichtspunkt gestellt. Diese Familien, meistens selbst vom Lande und auf dem Lande besitzen und erregen nicht selten das Vertrauen des Landmanns und wie es andere Familien zum Beispiel in der Stadt giebt, in deren Mitte er sich für verrathen und verkauft halten würde, so trift er in jenen gleichsam nähere und entfernte Anverwandte und sieht in deren häuslichem Leben wie in einen Spiegel, worin sein eigenes mit verschönerten Zügen ihm vertraulich entgegentritt.

Doch ist keiner geringen Anzahl von diesen Familien die höchst dringende Warnung zu ertheilen, vor dem allmähligen herabsinken auf die bäuerliche Stufe der Kultur auf der Hut zu sein. Da sich im Plattdeutschen einmal nichts Gescheutes sprechen läßt, so nimmt die plattdeutsche Gemütlichkeit nur zu leicht den Charakter der Trägheit an. Das Bedürfniß bedeutenderer Conversationen, zarterer Berührungen, die nur in einer gebildeten Sprache möglich sind, regt sich immer schwächer, die einfache Sitte verwandelt sich in rohe, das Herzliche ins Läppische, das Gerade in's Plumpe, das Derbe in's Ungeschlachte und es tritt nur zu oft jener traurige Rückschritt der Civilisation ein, den man Verbauerung nennt. Damit ist dem Bauer auch nicht geholfen, der Familie, den Kindern noch weniger.

Wer sich also in seiner Neigung und Vorliebe für das Plattdeutsche im Häuslichen auf einen Heros der deutschen Literatur wie Johann Heinrich Voß oder einen Pfarrer, wie Klaus Harms zu berufen gedenkt, der thut wohl, sich zuvörderst die Fragen vorzulegen: bist du des Umschwungs deines geistigen Räderwerks auch so gewiß und sicher, wie jene, läufst du keine Gefahr, dich für die Wissenschaft abzustumpfen, die Bewegung der Zeit aus dem Auge zu verlieren; darfst du nicht befürchten, dich und deine Familie an den Bettelstab des Gedankens zu bringen, deinen Kindern eine unersätzliche Zeit zu rauben, sie unerzogen in die Welt zu stoßen und mit deinem ganzen Hause an den untersten Fuß der Civilisation herabzugleiten?

Das möchten doch immer Fragen sein, die einer ängstlich gewissenhafter Beantwortung werth sind.

* * * * *

Aber die plattdeutsche Sprache, ist, wie erwähnt, Lieblingssprache auf allen norddeutschen Universitäten und das wenigstens wird ihr wärmster Freund nicht gut heißen können.

Hier tritt sie als gefährlichste Bundesgenossin aller jener zahlreichen Uebel und Hemmnisse auf, die sich von Anfang an auf unsere Universitäten verschworen zu haben scheinen, um die Humanität im Keim zu ersticken. Hier legt sie die idyllische ehrbare Miene ab, wodurch sie sich in ländlichem Pfarrhause Frau und Töchtern empfiehlt, zwanglos grob, ungenirt gemütlich wandert sie in den Auditorien aus und ein, den Mund immer offen und nur pausirend, wenn der Professor spricht und der Student Religionsphilosophie, Metaphysik, Naturlehre und andere hochdeutsche *sublimia* in sein Heft einträgt. Zum Teufel ihr Herren *favete linguis!* wie kommt die Sprache Böotiens in Minervens Tempel. Ihr könnt freilich antworten, wie kommt Minervens Tempel zu unserer Universität, die nur eine alte wankende Ruine aus dem Mittelalter ist. Recht! aber wo euer Fuß hintritt, da soll Athen sein, geweihter Boden sein — *soll*, sage ich, denn warum sonst haben die Götter dem jugendlichen Fuß die Sehne der Ungeduld und des heiligen Zorns verliehen, die mit einem Tritt zerstampft, was das Alter mit beiden Händen nicht aus dem Wege schaffen kann, warum anders, als damit ihr Schöneres, Besseres, Heiligeres aus dem Boden zaubern sollt. Ihr versteht mich nicht? Ich verstehe euch auch nicht, ich verstehe die edle norddeutsche Jugend nicht, die sich auf dem Musensitz einer Sprache bedient, die dem Dunkel des Geistes, der Barbarei vergangener Zeiten angehört. Macht es dieser Jugend Scherz, ihre eigenen Studien, das akademische Leben, den dürren Scholastizismus und die Pedanterie des akademischen Instituts zu parodiren, zu travestiren, so sehe ich allerdings weder großen Uebermuth in diesem Scherze, noch verkenne ich, wie sehr die plattdeutsche Sprache, ja schon ihr Klang, zu diesem Zweck sich eignet[6]; allein Scherz muß Scherz, das heißt flüchtig und wechselnd bleiben, und wenn derselbe Scherz und dieselbe Travestie drei Jahre alt wird, so muß man ein sehr ernsthaftes und langweiliges Gesicht dazu machen.

Kann man nicht heiter, gesellig, witzig, selbst wenn Lust und Laune danach, derb und spaßhaft im Element des Hochdeutschen sein. Ist die Sprache unserer Bauern humoristischer als die Sprache Abrahams a Sancta Clara, Lichtenberg, Jean Pauls. O ich kenne die niedersächsischen Witze, sie stehen alle in einem kleinen groblöschpapiernen Buch mit feinen Holzschnitten, das jährlich in diesem Jahre gedruckt wird. Es tritt darin auf „der Rübezahl der Lüneburger Haide,“ der Repräsentant des niedersächsischen Volkshumors, der geniale Till und rülpst auf die anmuthigste Weise lauter Witze vor sich hin, die aus einer Zeit stammen, wo das Volk nur den groben Wanst, dagegen die Ritterschaft den Arm, die Geistlichkeit den Kopf des Staatsungeheuers repräsentirte.

Oder was zieht ihr vor an der plattdeutschen Sprache? Ich weiß die Antwort nur zu gut, „sie macht uns Spaß[7]; sie ist uns gemüthlich.“ Chorus von Göttingen, Rostock, Greifswalde, Kiel, sie macht uns Spaß, sie ist uns gemüthlich, es wird uns wohl dabei! Auch in Jena, Heidelberg, Berlin, Bonn, wohin wir kommen und wo unserer zwei bis drei beisammen sind, da ist sie mitten unter uns. Sie gehört mit zum Wesen der norddeutschen Landsmannschaft und das wäre kein braver Holsat oder Meklenburger, oder Oldenburger, der nicht wenigstens drei Plattitüden am Leibe hätte, plattes (Mütze) auf dem Kopf, plattes (Mappe) unter'm Arm und das liebe Platt im Munde.

O Jugend, akademische, Blüthe der Norddeutschen, sei nicht so duftlos. Dufte etwas nach dem Geist der Alten — ich meine nicht deiner eigenen — bethaue deine Blüthen und Blätter mit etwas Naß aus der Hippokrene, durchdringe sie mit etwas Oel aus der Lampe der Philosophie, empfinde, fühle wenigstens nur die heiße Thräne des Unmuts und des Schmerzes, die der Genius deines Vaterlands auf dich herabträufelt.

O Jugend, akademische, ihm ist übel, wenn dir wohl ist. Mephistopheles freilich lacht und spöttelt dazu und wenn er dich in Auerbachs Keller platt und wohlbehaglich sitzen sieht so ruft er seinem Begleiter zu:

> Da siehst du nun, wie leicht sich es leben läßt?
> Dem Völkchen da wird jeder Tag zum Fest.

Wie hat sich seit den Tagen des Faustus die Welt verändert, was ist nicht alles in den letzten 30, in den letzten 13, in den letzten 3 Jahren geschehen und dieses Völkchen ist noch immer das alte geblieben? Wo kommt es her? Wo geht es hin?

Es gibt Ausnahmen, wie sollte es nicht. Aber ich spreche, wie immer in dieser Schrift, vom großen Haufen, und der ist auf unsern Universitäten noch immer der alte Stamm und das Plattdeutsche seine hartnäckigste Wurzel.

Es hat fast den Anschein, als müßte der Bauer erst mit gutem Beispiel vorangehn und die Sprache der Bildung gegen den Dialekt der Rohheit eintauschen, ehe der Student sich dazu entschließt.

Wie nöthig thäte es Manchem, um auch nur den äußern Schein seines Standes im Gespräch und Umgang mit Gebildeten zu retten. Ich schäme mich's zu sagen, welche Erfahrungen ich gemacht habe.

Wie nöthig aber thut es Jedem, sich unablässig in einer Sprache zu bewegen, die ihm erst zu der Herrschaft über sein Wissen verhelfen soll; wie nöthig Jedem, sich einer Sprache zu entschlagen, welche diese Herrschaft mißgönnt und streitig macht, welche wie das lichtlose dumpfe Chaos dicht hinter seiner aufzubauenden Welt lauert.

Ohnehin fordert die hochdeutsche Sprache Uebung, viel Uebung. Sie fällt Einem nicht so in den Mund, wie dem Franzosen das französische. Das Talent sich fertig und geläufig auszudrücken, ist immer noch ein selteneres, am seltensten in Nord-Deutschland. Sprache und Gedanke, Sprache und Gelehrsamkeit stehen häufig im ungeheuersten Mißverhältniß. Fern sei es von mir, den bloßen Fluß der Worte, die Geschwätzigkeit als eine Tugend zu preisen. Aber diese Wortangst, diese Wortplage, die so viele Sprechende befällt, dieses Stottern, Ringen, Rädern und Brächen, das am Ende oft doch nur etwas Verschrobenes oder Triviales zu Tage fördert, das alles deutet bei unsern Gelehrten auf eine klägliche Unangemessenheit zwischen todtem Studiren und lebendigem Umtausch hin.

Von dieser Seite betrachtet zeigt sich der gerügte Uebelstand auf norddeutschen Universitäten im häßlichsten Licht. Der tüchtigste Kopf kann sich kaum vor der Masse des Fertigen, Vorgedachten, Positiven erwehren, das so regelmäßig wie der Rinnenguß einer Wassermühle Tag für Tag auf ihn eindringt. Es gehören elastische Denkfibern, glückliches Gedächtniß (auch glückliches Vergessen) und vor allem Freundesgespräche dazu, um die ewige Nothwehr mit Erfolg fortzusetzen und das heiligste Gut der Persönlichkeit, das Stoffbeherrschende, selbstbewußte, selbstdenkende Ich siegreich davonzutragen. Vor allem Freundesgespräche, sage ich. Einsames Lernen, stilles Sammeln, Betrachten, Denken sind nothwendig; aber wer nicht spricht, erstickt, wird verwirrt, chaotisch und das eben ist der geistige Zustand der meisten jener Gelehrten, deren Sprechen ich so eben als Sprachangst und Sprachplage bezeichnet habe.

Mit welchen Farben soll ich den barocken, lächerlich traurigen Geisteszustand einer plattdeutschen Studentenmasse schildern. *Ochsen* nennt sie selbst die mechanische Arbeit, die sie zum Behuf des Examens täglich vornimmt. Jeden Tag schiebt sie fleißig ihren Karren Pandekten, Dogmatik u.s.w. in die Scheune ihres Gedächtnisses.

Liegt da das tägliche Pensum zu Hauf, so spannt sie sich aus, läßt's liegen, wo es liegt und — wird gemüthlich, plattdeutsch.

*Humaniora*, erfrischende, belebende, höher hinantreibende Vorträge, hört sie nicht, oder bekommt sie nicht zu hören, da leider an vielen Orten die *Humaniora* nur als Antiquitäten gelesen werden.

Klingt es nicht manchmal als Ironie, wenn der Bauer seinen Sohn, oder des Amtmanns, Schulzen, einen Studeermakergesellen nennt? — O norddeutsche, studirende Jugend, nimm das platt aus dem Munde!

* * * * *

Bis hierher hatte ich das Niedergeschriebene einem Freunde vorgelesen. Ich fragte diesen um sein Urtheil. Ich bin überrascht, sagte er nach einigem Zögern: Ich habe über den Einfluß der plattdeutschen Sprache bisher nicht weiter nachgedacht, und das mögte wohl der Fall mit den meisten künftigen Lesern dieser Bogen sein. Nichts destoweniger habe ich diesen Einfluß dunkel und unangenehm empfunden; er macht, besonders wenn man aus dem Süden zurückkehrt, einen ähnlichen Eindruck, wie die veränderte Athmosphäre, die fahle Luft und das häufige Regenwetter des Nordens. Man findet sich darein, wie in ein nothwendiges Naturübel. Allein mit der Sprache ist es wol ein Anderes. Sie haben Recht, wenn Sie einmal früher äußerten, man müsse sich selbst gegen das Nothwendige, das der physischen oder moralischen Ordnung angehört, in Position setzen. Sie haben mir, darf ich sagen, ordentlich die Brust erleichtert, indem Sie mich auf einen bestimmten Landesfeind aufmerksam machen, mit dessen Vertilgung das Feld für die norddeutsche Civilisation gewonnen scheint. Das wird und muß nach Lesung Ihrer Schrift, das Gefühl aller Patrioten sein, denen es in dieser Zeit wie Alpdrücken auf dem Herzen liegt. O wohl! o wohl! Die plattdeutsche Sprache ist das absolute Hemmniß des öffentlichen Lebens, der Bildung und Humanität in Niedersachsen. So lange diese Sprache dem gemeinen Leben angehört, werden, wie bisher, Mastochsen, Gänsebrüste und westphälische Schinken die Hauptprodukte unserer Civilisation bleiben. Gegen die Civilisation selbst macht die plattdeutsche Sprache nicht allein gleichgültig, sondern tückisch und feindselig gestimmt. Warum ist das nicht längst zur Sprache gebracht, Gegenstand des allgemeinsten und lebhaftesten Interesses geworden.

Sie vergessen, sagte ich, daß Voß, Harms, Scheller, Bärmann und andere wackere Männer die Theilnahme des Publikums für diese Sprache, selbst für eine Literatur in derselben, haben in Anspruch nehmen wollen.

Ich weiß, erwiederte er, ich habe unter andern den „*Bloottügen*,“ den Henrik von Züphten vom Pastor Harms gelesen. Damals dachte ich nichts anderes dabei, als daß so ein plattdeutsches Buch unbequem und schwer zu lesen und wahrscheinlich noch unbequemer zu schreiben sei.

Was den Henrik von Züphten betrift, bemerkte ich dagegen, so scheint mir der Verfasser einen Ungeheuern Mißgriff in der Wahl des Stoffes gethan zu haben. Ich schätze die alten Dithmarsen sehr hoch. Sie waren ein tapferer, unbezähmlicher, ordentlich nach Freiheit und Unabhängigkeit dürstender Menschenschlag, Bauern zu Pferde mit dem Schwerdt in der Hand, die Schweizer des Nordens oder vielmehr Wittekinds und seiner Sachsen ungebeugte und ungebrochene Enkel bis in's fünfzehnte und sechszehnte Jahrhundert hinein. Nur weiß ich nicht, ob ein lutherischer Pfarrer von

Heute, selbst wenn er geborner Dithmarse ist, einer so durchaus heidnischen Mannheit Gerechtigkeit widerfahren lassen kann; denn obwol die dithmarsische Größe und Freiheit in christliche Zeiten fiel und die Verehrung der Jungfrau Maria in diesem Lande gerade höher getrieben wurde, als, wie es scheint, andeswo im Norden, so erhielt doch der hochfahrende und kampflustige Sinn der Einwohner durch sie nur eine sehr schwache christliche Färbung und wol schwerlich hat die Brust eines mutigen Dithmarsers aus Furcht vor dem Himmel, der Geistlichkeit oder eigener Gewissenszartheit christliche Demuth dem Muth übergeordnet, wie man solches in den Ritterbüchern des Mittelalters liest. Doch mag es damit sein, wie es will; ich muß bekennen, daß ich überhaupt keinen Geistlichen zum Geschichtschreiber wünsche, speziell nicht zum Dithmarsischen. Was mir aber auffiel, war, daß Pastor Harms sich grade einen Moment aus der dithmarsischen Geschichte gewählt hatte zur plattdeutschen Darstellung, der auf so schneidende Weise mit der altväterischen, derben Bonhommie, die er dieser Sprache im Eingang nachrühmt, im Kontrast steht: der Märtyrertod des ersten lutherischen Predigers in Dithmarsen. Diese kalte Wuth, dieser Hohn menschlichen Gefühls, diese Spurlosigkeit alles Barmherzigen, womit hier der arme Mann einem langsamen und schauderhaften Tode überliefert wird, macht nicht nur an sich einen bösen Fleck in der dithmarsischen Geschichte aus, sondern erinnert auch sehr zur Unzeit, daß diese beste Zucht niedersächsischer Männer, die Dithmarsen, von jeher neben ihrer Tapferkeit und eisernen Sitte, mit asiatischer Barbarei an Gefühllosigkeit gegen Feind und Freund gewetteifert haben, was den allerdings wol auf eine derbe und rohe, aber keineswegs auf so eine „alte und gemüthliche“ Sprache hindeutet, wie's so etwa von einem unserer friedlichen und gutmüthigen Philister heutiger Zeit verstanden wird. — Fügen Sie noch hinzu, sagte hierauf mein Freund, daß das Dithmarsen der Gegenwart, das noch ganz und gar plattdeutsch ist, und wo auch noch wirklich das beste platt[8] gesprochen wird, weder in moralischer noch in gesellschaftlicher Berührung ein sehr glänzendes Lob auf dasselbe zuzulassen scheint. Die Armuth, Trunkfälligkeit, die ungeheure Zahl der verübten Mordbrände in Dithmarsen deuten auf einen sehr versunkenen sittlichen und bürgerlichen Zustand. Eben er, der mit herrlichem Eifer für die Verbreitung religiöser und moralischer Lebensflammen erfüllte Pastor Harms hat in patriotischen Schriften seinen Schmerz darüber ausgesprochen. Was kann er aber, sage ich jetzt mit vollster Ueberzeugung, von der Mithülfe einer Sprache erwarten, welche aller Mittheilung unbesiegliche Schranken entgegenstellt und das wahre Grab des höheren Leben ist. Es stände zu wünschen, daß ein dithmarsischer Patriot den nachteiligen Einfluß der Sprache auf die Fortschritte der Civilsation und selbst auf die schönere Humanität einer ausgezeichneten Einzelbildung aus der Allgemeinheit Ihrer Schrift übertragen möge auf Dithmarsen und die Dithmarsen, wie sie sind und was sie vermöge ihrer Sprache sind und nur sein können.

Ihr Wunsch ist der meinige, ich werde ihn, wie überhaupt unser Gespräch, vor's Publikum bringen, und zwar als integrirenden Theil meines Aufsatzes. Denn, glauben Sie mir, ohne Ihr Hinzukommen würde ich mich nie zur Herausgabe desselben bestimmt haben.

Sie scherzen, oder wollen etwas sagen, was mir nicht klar ist.

Hören Sie nur und urtheilen Sie selbst. Ich habe bisher darzustellen gesucht, daß die plattdeutsche Sprache sowol an sich unfähig sei, die Keime der Civilisation zu fassen als auch, so lange sie tägliche Umgangssprache in Niedersachsen bliebe, alles Bemühen zur Civilisation durch das Mittel der hochdeutschen Sprache vereiteln müsse. Ich habe diese Wahrheit nicht allein auf die unteren Kreise beschränkt, ich habe fühlbar zu machen gesucht, wie ohne unterliegende allgemeine Volksbildung, auch die höhere Bildung des Einzelnen gefährdet sei und zum Beispiel die Extreme auf der jetzigen Leiter unserer Kultur, Bauer und Student oder Studirter, sich in demselben rohen und bildunglosen Medium wieder berühren. Habe ich, wie ich meine und getrost der öffentlichen Stimme überlasse, dieses mit unabweisbarer Handgreiflichkeit nachgewiesen, so werde ich allerdings der Uebereinstimmung aller Patrioten in der Behauptung gewiß sein, es sei nicht wünschenswerth, daß die ohnehin aussterbende und vermodernde plattdeutsche Sprache, gehegt und gepflegt werde, es sey im Gegentheil wünschenswerth, daß sie sich je eher je lieber aus dem Reiche der Lebendigen verliere. Und somit wäre denn im verhofften guten Fall hie und da eine Meinung, eine Ansicht über das Wünschenswerthe und nicht Wünschenswerthe in dieser Angelegenheit öffentlich angeregt. Aber sagen Sie mir, was ist eine Privat-Meinung, die einen frommen Wunsch zur Folge hat, im Angesicht eines öffentlichen Gegenstandes, oder Widerstandes, der nichts meint und wünscht, der nur so eben sich seiner breiten Füße bedient, um seine plumpe und gedankenlose Existenz durch alle Meinungen hindurch zu schieben und sich trotz aller Meinungen auf den Beinen zu behaupten, bis er etwa von selbst umfällt, Meinungen und Ansichten haben wir im Ueberfluß, vortrefliche. Woran fehlt's? Am Korporativen der Meinung, welches die öffentliche Meinung ist, welche die That mit sich führt. Würde ich sonst, wenn ich nicht das fruchtlose Hin- und Hermeinen des Publikums zu gut kennte, mir die Beantwortung der ironischen Frage aufgelegt haben, ob man den wünschenswerthen Untergang der Sprache ruhig sich selbst und der Zeit überlassen oder etwas dafür thun, denselben möglichst beschleunigen solle? Sie sehen aber wol, daß es mir damit nicht Ernst gewesen sein kann; denn bringt die wahre und lebhafte Darstellung eines großen Uebels nicht unmittelbar und für sich das Gegenstreben, den Wunsch und das Umsehen nach Mitteln zur Abstellung desselben hervor, so ist alles weitere Reden und Zureden rein überflüssig, falls es nicht, wie bei manchen Maaßregeln gegen die Cholera, mit äußerm Zwang und obrigkeitlichem Befehl verbunden ist.

Ich weiß aber nicht, was mir sagt, daß Sie im Auffassen dieser Angelegenheit der Repräsentant von sehr vielen Norddeutschen sind. Die Wahrheit hat auf Sie ihren vollen Eindruck nicht verfehlt, Sie freuen sich, ihren allgemeinen trüben Mißmuth einem bestimmten Feind gegenübergestellt zu sehen, Sie sinnen auf Mittel, ihn anzugreifen, Sie halten ein allgemeines lebhaftes und daher wirksames Interesse als durchaus in der Sache begründet.

So ist es, erwiederte mein Freund. Und ich glaube, auch darin irren Sie nicht, wenn Sie mich nach Ihrem Ausdruck für den Repräsentanten einer sehr namhaften Zahl und Klasse von Norddeutschen halten. Bedenken Sie nur allein den Stand des Schullehrers, der Jahr aus Jahr ein an der plattdeutschen Jugend sich fruchtlos abquält und gleichsam tagtäglich Wasser ins Faß der Danaiden schöpft. Ihm vor allen wird ihre Schrift neuen Muth und Anstoß geben. Das Hauptmittel, davon sind Sie ohne Zweifel auch überzeugt, liegt in den Händen dieser Männer.

Aber, fügte er fragend hinzu, welchen Schluß geben Sie ihrer Arbeit? Ich denke doch, Sie lassen, wenn auch die zweite Frage billig ausfällt, die dritte nicht ganz unbeantwortet. Welche Mittel halten Sie für die Ausrottung der plattdeutschen Sprache für die wirksamsten? Mir und meinen Kollegen, wie gesagt, liegt vorzüglich daran.

Ich trug meinem Freunde darauf den folgenden Abschnitt vor, bemerkte aber, daß ich von ihm selbst oder von einem Genossen seines Standes etwas Erschöpfenderes in dieser Hinsicht verhoffte.

* * * * *

Wer aber soll helfen gegen das Plattdeutsche im Volk? Wie kann dem Hochdeutschen geholfen werden?

Wer? Alle Welt, nur der Staat nicht. Was der Staat gegen das plattdeutsche und für das Hochdeutsche thun konnte, hat er gethan, indem er jene aus der Kirche verbannt und sie vom Gerichtshofe ausschloß.

Wer diese Schrift verbreitet, sie selbst oder ihre Ideen, wer sie öffentlich angreift oder vertheidigt, wer ihr neue Gesichtspunkte hinzufügt, deren es noch so viele giebt, wer die bereits aufgestellten modificirt, rektificirt, *der hilft, er mag wollen oder nicht*; denn er hilft eine öffentliche Meinung bilden.

Beleuchtet dieses gedankenlose Monstrum, Hannoverisches Platt, Meklenburgisches Platt und wie es sich überall nennt, von hinten oder von vorne, von der besten oder von der schlechtesten Seite, beleuchtet es nur, und glaubt mir, jedes Licht übt eine chemische Zerstörung auf sein Volumen aus. Besprecht es, besprecht es nur und seid überzeugt, jedes Wort im Guten oder Bösen ist ein Zauberbann, der ihm einen Fuß seines Gebietes verengt.

Das ist das Schöne mit der guten Sache und der öffentlichen Meinung und der neuen Zeit; wenn die drei einmal in Bewegung sind und sich auch nicht suchen, so verfehlen sie sich doch nicht.

Ja, ich zweifle nicht, die öffentliche Meinung wird sich bilden und sie wird grollen, wie ich, mit dem Plattdeutschen und das Grollen wird über die Köpfe unserer Bauern hinfahren und wird — ansteckend sein.

Die Ansteckung ist die Hauptkraft der öffentlichen Meinung und das Wunderbarste an ihr.

Die wichtigsten Exekutoren der legislativen Gewalt öffentlicher Meinung sind aber in unserm Fall unstreitig die Schullehrer, insbesondere die auf dem Lande. Auf den Grad des Anteils, der Einsicht, des guten Willens dieser großen, nützlichen, im Stillen wirkenden Klasse von Staatsbürgern, deren Einfluß auf die Bildung der Landleute bedeutend größer ist, als der Pastoraleinfluß, kommt unendlich viel an.

Fassen diese, wie es ihnen zukommt und wie zu erwarten, die Sache der Civilisation mit Eifer auf, durchdringen sie sich von der Nothwendigkeit einer ununterbrochenen Attake auf das Plattdeutsche, stehen sie, wie es ihre Gewohnheit ist, beharrlich auf ihrem Stück, so will ich sehen, welche wundergleiche Veränderung dieses schon im Ablauf von zehn Jahren in einem Verhältniß von Hoch zu Platt hervorbringen wird.

Ihre Hauptaufgabe wäre, dahin zu streben, das Hochdeutsche *vertraulicher* und *herzlicher* zu machen — ein Weg, der nur durch die *Fertigkeit* und *Unbekümmertheit der Zunge* hindurchgeht. Ihre Arbeit ist in der Schule, in den Familien, vor der Kommüne. Was die *Schule* betrift, so würde ich den Rath geben, in den ersten Schuljahren die Kinder weder zum Schreiben noch zum Lesen anzuhalten, nur zum Sprechen. Das Warum leuchtet ein. Auch die Aelteren müßten häufiger mit Sprech- und Denkübungen beschäftigt werden — welche Gelegenheit zugleich auf den Verstand und durch diesen gegen die plattdeutsche Sprache zu wirken, in welcher dem Knaben von Haus aus alle frühere Vorurtheile und Dummheiten eingepropft sind. Besondere Rücksicht verdienen die Mädchen. Ihre Gemüther sind weicher, empfänglicher, ihr Organ, gewöhnlich auch ihr Verstand leichter zu bilden und — sie sollen einmal Mütter, Hausfrauen, das heißt auf dem Lande, für das jüngste Geschlecht im Hause alles in allem werden. Auch im *älterlichen Hause* bleibt viel zu wirken, besonders auf Hausfrauen und ältere Töchter; der heiterste, zwangloseste Gesellschafter ist hier der beste, er bringt bald ein unterhaltendes Buch (kurze und erbauliche Geschichten, keine langweilige faselnde), bald einen interessanten Gegenstand zur Erzählung mit, eine Anekdote aus der Zeitgeschichte, oder meinentwegen einen Fall aus der Nachbarschaft, dem Dorfe mit, der, wie er versichert, sich im Plattdeutschen nicht ausnimmt. *Für die ganze Komüne* ist er wirksam durch Einführung periodischer Blätter, Zeitungen, auf gemeinschaftliche Kosten zu halten und regelmäßig in Versammlung der Männer vorzulesen, allenfalls durch ältere, der Konfirmation entgegengehende Knaben, *als beneidete und ehrenvolle Belohnung* ihrer Fortschritt im Lesen und Sprechen des Hochdeutschen.

Ich deute nur an, aber ich komme mir vor, ich wüßte es auch auszuführen als Schullehrer auf dem Lande, und Tausende besser als ich.

So viel ist gewiß, wäre ich Schullehrer, so würde ich für's Erste nur ein Ziel kennen: mein Dorf zu verhochdeutschen.

Leeres Stroh würde ich glauben zu dreschen, so lange nicht die Garbe der hochdeutschen Sprache und Bildung mir auf dem freien Felde wächst.

Eine Bürgerkrone würde ich glauben verdient zu haben, wenn man mir im Alter nachrühmte: er hat diesen Flecken, sein Dorf, das sonst so dunkle, dumpfe, plattdeutsche Nest, mit der Kette der Civilisation in Kontakt gesetzt durch Ausrottung der plattdeutschen und Einführung der Bildungssprache Deutschlands.

# Fußnoten

[1] Doch auch mit Ausnahme gewisser örtlicher und provinzieller Variationen, wie in Hamburg, Westphalen, Dithmarsen, wo selbst die Gebildeten, von deren Aussprache hier eigentlich die Rede ist, sich der Lokaltinten nicht enthalten.

[2] Die Hexenprozesse, die mit wenig zahlreichen Ausnahmen erst nach Der Reformation und Hauptsächlich im protestantischen Norddeutschland geführt wurden und denen ein Glaube an den Einfluß böser Geister zu Grunde lag, den Luther, in melancholischen Anfällen selbst oft mit dem persönlich ihm erscheinenden Teufel ringend, nur zu sehr genährt hatte, *diese Hexenprozesse haben Deutschland im 17ten Jahrhundert vielleicht mehr Menschen gekostet, als Spanien die Inquisition.*

[3] Reineke de Vos ist von holländischer und französischer Abkunft, wenn auch die Mährchen von Fuchs und andern Thieren ursprünglich in Deutschland sowol, als in Frankreich in Schwang gingen. Die plattdeutsche Uebersetzung scheint niemals Volksbuch gewesen zu sein, obgleich sie sehr gelungen ist; man könnte sie den Schwanengesang dieser Sprache nennen.

[4] Wollte ich zu diesem, wie gesagt, naturrohen Bilde ein mehr dem Spiel der Phantasie angehöriges hinzufügen, so vergliche ich den bloßen Lese- und Schreibunterricht unserer Landkinder mit der Unvernunft und Thorheit eines Ackermannes, der seinem Acker die Instrumente zur Bearbeitung, Spaten und Pflug, zur Selbstbearbeitung hinwirft.

[5] Was könnte ich anführen, wollte ich von der niedrigsten Klasse norddeutscher Städte sprechen, die sich, wie der Hamburger Pöbel in Schnapps und unreinstem Plattdeutsch wälzt.

[6] Wo willst Du hin, fragte Jemand einen Meklenburgischen Scholaren, der gerade auf den Postwagen stieg. Die Antwort war: Na Rostock, ik will mi op de Wissenschaften leggen.

[7] Weniger Späße.

[8] Doch nicht rein, sondern mit friesischen Wörtern untermischt.

* * * * *

Von demselben Verfasser sind bei uns erschienen:

*Wienbarg, Dr.* L., Holland in den Jahren 1831 und 32, 2 Bde. 8, 833-34. 2 Thlr. 16 Gr.

—— —— Jason. Episches Gedicht nach Pindar. Uebersetzt, bevorredet und erläutert; mit einem Zueignungsgedicht an Jason Sabalkansky. 8. 830. 4 Gr.

—— —— Paganini's Leben und Charakter nach Schottky. Mit Paganini's Bildnis. gr. 8. 830. 12 Gr.

Unter der Presse befindet sich:

—— —— ästhetische Feldzüge. Dem jungen Deutschland gewidmet. 8.